Buon Natale

Teach Me...

Learning Songs & Traditions in Italian

by Sophia Rossi
Illustrated by Kathie Kelleher

In every country around the world, families and friends gather together during the holiday season to celebrate special traditions. Many Christmas customs are similar in different countries, even if the language is not. Food, songs and family activities are all part of the festivities, but every country has its own traditions which reflect the culture of the people and the language they speak.

With special thanks to Concordia Language Villages, Luca Boccaccini, Maria Jette, Anne Mahoney, Catia Margaretini, Romina Montanari, Members of the Minnesota Boychoir and Mark Johnson, Music Director.

ISBN 13: 978-1-59972-067-8
Library of Congress Control Number: 2007906107

© 2007 Teach Me Tapes, Inc.
www.teachmetapes.com

Translations by Eric Dregni and Carlotta Dradi Bower
Music and Arrangements by Scott Malchow
Book Design by The Design Lab, Northfield, MN

Printed in the United States of America.

10   9   8   7   6   5   4   3

Buon Natale

Index of Songs

Il Natale in Italia è bellissimo!
È il mio periodo dell'anno
preferito. Noi festeggiamo
con molte belle tradizioni
che passano di generazione
in generazione. Le tradizioni
natalizie in Italia variano da una
famiglia all'altra e da una regione
all'altra. Io mi ricordo i profumi
deliziosi della cucina, la musica
meravigliosa, e tutto il tempo
passato con la mia famiglia e
gli amici. Queste particolari
tradizioni rendono il periodo
natalizio indimenticabile!

SONG
1

TU SCENDI DALLE STELLE
(Traditional Song)

Tu scendi dalle stelle o Re del cielo
E vieni in una grotta al freddo al gelo
E vieni in una grotta al freddo al gelo.

O bambino mio divino io ti vedo qui a tremar
O Dio beato! Oh quanto ti costò l'avermi amato
Oh quanto ti costò l'avermi amato.

A te che sei del mondo, il Creatore
Mancano panni e fuoco oh mio Signore
Mancano panni e fuoco oh mio Signore.

Caro eletto pargoletto quanto questa povertà
Piu m'innamora!
Poiché ti fece, amor, povero ancora
Poiché ti fece, amor, povero ancora.

Christmas in Italy is beautiful! It is my favorite time of the year. We celebrate the holidays with many rich traditions that have been passed down from generation to generation. Italian Christmas traditions vary from family to family, and region to region. I remember the delicious aroma of the food, the wonderful music, and the time spent with my family and friends. These special traditions make the holiday season unforgettable!

The Christmas season begins with Advent in December and ends with the Epiphany in January. Our family celebrates the familiar Christian traditions based on the birth of Christ. Christmas in Italy is special because the holiday brings together Christian origins and regional traditions.

SONG 2
Advent Song
Advent is a time to wait,
Not quite time to celebrate.
Light the candles one by one,
Till the Advent time is done.
Christmas Day will soon be here,
Time for joy and time for cheer.

Il Natale in Italia inizia con l'Avvento in dicembre e finisce con l'Epifania in gennaio. La nostra famiglia celebra la tipica tradizione natalizia, che si basa sulla nascita di Gesù. Il Natale in Italia è molto speciale perché è una festa che unisce origini cristiane e tradizioni regionali.

SONG ❷

LA CANZONE DELL'AVVENTO
(Advent Song)
Si comincia con l'Avvento,
Che prepara al lieto evento.
Piano piano noi contiamo,
Ogni giorno e aspettiamo.
Finché il giorno di Natale,
Ci fa tutti celebrare.

L'Italia è a forma di un grande stivale e include le isole della Sicilia e della Sardegna. L'Italia confina con quattro paesi europei: la Francia, la Svizzera, l'Austria e la Slovenia. Molte tradizioni natalizie si festeggiano uguali in tutta Europa e in tutto il mondo, ma le tradizioni italiane variano dal nord al sud e da una regione all'altra. I miei bisnonni vengono da tutt'Italia e così noi celebriamo tante tradizioni diverse.

The country of Italy is shaped like a boot and includes the islands of Sicily and Sardinia. Italy borders four European countries: France, Switzerland, Austria and Slovenia. Many Christmas traditions are celebrated throughout Europe and worldwide, but Italian traditions vary from north to south and region to region. My great-grandparents came from all over Italy, so we celebrate many different traditions.

On December sixth, there is a big celebration for the Feast of St. Nicholas. He was a Pope who lived during the fourth century and was known for his generosity toward children. This Pope was popular for sharing gifts with children during Christmastime.

SONG 3
Joy to the World
Joy to the world, the Lord is come
Let earth receive her King
Let every heart prepare him room
And heaven and nature sing,
And heaven and nature sing,
And heaven and heaven
   and nature sing.

Il sei dicembre, c'è una grande festa per San Nicola. Lui era un Papa che ha vissuto nel quarto secolo e che era molto generoso con i bambini. Questo Papa era conosciuto anche perché dava molti regali a loro durante il periodo natalizio.

GLORIA IN TERRA
(*Joy to the World*)
Gloria in terra, è nato il Re
Il mondo esulterá.
Apriamo i nostri cuori
Con gioia al lieto evento
E in cielo si canterá,
Sulla terra si canterá,
Ch'è nato, è nato il Re del Ciel.

SONG ③

Alla vigilia di San Nicola, i bambini di Molfetta scrivevano delle lettere a San Nicola chiedendogli dei regali e promettendo di essere buoni durante tutto l'anno nuovo. Loro mettevano queste lettere su un piatto vuoto e speravano che San Nicola ci lasciasse sopra dei regali e dei dolci per loro. I miei bambini continuano questa tradizione. Ecco una lettera che mio figlio Antonio ha scritto quest'anno.

On the eve of St. Nicholas, children in Molfetta write letters asking St. Nicholas for gifts and making promises to be good in the coming year. They place these letters on an empty plate hoping St. Nicholas will leave presents and sweets for them. My children continue this tradition. Here is the letter my son Antonio wrote this year.

Dear St. Nicholas,
I have been a very good boy this year. I have been especially nice to my brother and sister. You know I really like music and would like to play in the band at school. If you bring me a new drum, I promise to play every day and even make my bed.

Thank you St. Nicholas,
Antonio

Caro San Nicola,
Io sono stato bravo quest'anno. Sono stato particolarmente gentile con mio fratello e mia sorella. Sai che mi piace molto la musica e mi piacerebbe suonare nel gruppo musicale a scuola. Se mi porti un tamburo nuovo, io prometto di suonarlo ogni giorno e prometto anche di fare il mio letto.

Grazie San Nicola,
Antonio

The heart of Christmas in Italy begins with the Novena, the eight days before Christmas Day. This is the time to make all the holiday preparations. We decorate the house, shop at the markets and count the days until Christmas.

How lovely it is to take a walk in the town square during December! The Italian cities burst with people shopping for the holidays. The sweet scent of roasted chestnuts fills the air and, if it's cold enough, a skating rink is set up in the town center. There are stands that sell cheese, Christmas bread, nougat and everything else to make a big party at home.

SONG 4
Deck the Halls
Deck the halls with boughs of holly
Fa la la la la la la la la.
'Tis the season to be jolly
Fa la la la la la la la la.
Don we now our gay apparel
Fa la la la la la la la la.
Troll the ancient Yuletide carol
Fa la la la la la la la la.

Il Natale vero e proprio in Italia inizia con la Novena, cioè otto giorni prima del giorno di Natale. Questo è il periodo che usiamo per prepararci per le feste. Decoriamo la casa, facciamo le spese al mercato e contiamo i giorni che mancano.

Quanto è bello fare una passeggiata in piazza nel mese di dicembre! Le città italiane sono piene di persone che fanno le spese. Si sente l'odore delle castagne arrostite e, se fa abbastanza freddo, c'è anche una pista di pattinaggio, in centro. Ci sono le bancarelle che vendono il formaggio, il panettone, il torrone, e tutto quello che serve per fare una grande festa a casa.

CON I RAMI D'AGRIFOGLIO
(*Deck the Halls*)
Con i rami d'agrifoglio
Fa la la la la la la la la.
Adorniamo qui le sale
Fa la la la la la la la la.
Canta un coro di bambini
Fa la la la la la la la la.
Una nenia di Natale
Fa la la la la la la la la.

SONG
4

When I was a little girl, my family prepared a ceppo, a wooden frame in the shape of a tree with three shelves. This tradition comes from southern Italy. Now, I see the delight in my children's eyes as they celebrate their version of the ceppo. Each child decorates one of the small shelves in the frame with pine cones, fruit and candles. The bottom shelf is reserved for the nativity scene.

Quando ero piccola, la mia famiglia preparava il ceppo: una cornice a forma di albero, con tre ripiani. Questa tradizione viene dall'Italia del sud. Adesso, vedo la gioia negli occhi dei miei figli quando festeggiano la loro versione del ceppo. Ogni bambino decora uno dei piccoli ripiani della cornice con pigne, frutta, e candele. Il ripiano più basso è riservato al presepio.

Il tredici dicembre, la mia famiglia siciliana celebra la festa di Santa Lucia. Questa tradizione è nata in Italia ma adesso è festeggiata in tanti altri paesi. C'è una leggenda su Santa Lucia che il mio papà mi raccontava:

C'era una volta una povera ragazza che si chiamava Lucia che era stata condannata per la sua carità Cristiana. Nascosta sotto un mantello azzurro, Lucia girava per le strade alla luce di una candela con il suo asino, e portava dei cesti carichi di doni per i poveri.

Oggi, i bambini lasciano le loro scarpe fuori dalla porta sperando che Santa Lucia le riempia durante la notte.

On December thirteenth, we celebrate the Feast of Santa Lucia. This tradition comes from Italy, but is now celebrated in many countries. This is a story my father used to tell me about Santa Lucia:

Once there was a poor girl named Lucia, who was condemned because of her Christian charity. Hidden under a blue cloak, Lucia went out by candlelight into the night with her donkey carrying baskets filled with gifts for the poor.

Today, children leave their shoes outside the door hoping Santa Lucia will fill them during the night.

SANTA LUCIA
(Traditional Song)

SONG 5

Sul mare luccica l'astro d'argento
Placida è l'onda, prospero è il vento.
Sul mare luccica l'astro d'argento
Placida è l'onda, prospero è il vento.

Venite all'agile barchetta mia!
Santa Lucia, Santa Lucia!
Venite all'agile barchetta mia!
Santa Lucia, Santa Lucia!

In Rome, the *zampognari* are shepherds who come down from the mountains dressed in traditional clothing. They share their music in the town square and perform Christmas plays. The sound of bagpipes and flutes fills the air creating a festive atmosphere in the city. They are found wandering through the markets in the Piazza Navona or near the entrance to St. Peter's Square.

A Roma, gli zampognari sono pastori che scendono dalle montagne vestiti nei costumi tradizionali. Loro fanno concerti in piazza e recitano delle scene natalizie. La musica dei pastori, con i loro flauti e le zampogne, crea un'atmosfera di festa in città. Questi pastori girano intorno ai mercati all'aperto di piazza Navona o vicino all'entrata di piazza San Pietro.

QUANNO NASCETTE
(*Carol of the Bagpipers*)
Quanno nascette Ninno a
    Betelemme,
E rannotee pa rea miezo journo
Maje le stelle, lusteree belle,
Seve dettero accusi!
La chiu lucen to
Jet tea chiamma li
Magi, in Oriente.

Note: Music only. The traditional words are sung only in Sicilian.

SONG 6

Il primo Natale
(*The First Noël*)

Noël, Noël, chiara luce del ciel,
Nella grotta divina è nato Gesù.
Noël, Noël, cantan gli angeli in ciel,
Sia pace in terra: è nato Gesù.

Noël, Noël, Noël, Noël.
Insieme adoriamo il bimbo Gesù!

SONG 7
The First Noël
The first Noël the angels did say,
Was to certain poor shepherds in fields as
    they lay.
In fields where they, lay keeping their sheep,
On a cold winter's night that was so deep.

Noël, Noël, Noël, Noël.
Born is the King of Israel!

15

The nativity scenes are the most important symbol of the holiday season. My grandmother gave our family a hand-carved nativity scene. I will never forget the joy I felt as I took each figure out of the box. First we set up the stable, where we placed the donkey and the ox, then the shepherds and the sheep. Finally, we added Mary and Joseph. But we waited until Christmas Eve to place Baby Jesus in the manger.

SONG 8
Away in a Manger
Away in a manger no crib for a bed,
The little Lord Jesus laid down
　　His sweet head.
The stars in the sky looked down
　　where He lay,
The little Lord Jesus asleep on the hay.

I presepi sono il simbolo più importante delle festività natalizie. Mia nonna ha dato alla mia famiglia un presepio fatto a mano. Non dimenticherò mai la gioia che provavo nel togliere ogni pezzo dalla sua scatola. Per prima, sistemavamo la stalla, dove mettevamo il bue e l'asinello, poi i pastori e le pecore. Per ultimo, mettevamo Maria e Giuseppe. Però aspettavamo la vigilia di Natale per aggiungere Gesù Bambino nella mangiatoia.

NELLA MANGIATOIA
SONG 8
(*Away in a Manger*)
Nella mangiatoia fra il bue e l'asinel,
C'è Gesù Bambino che dorme sul fien.
Le stelle del cielo lo illuminan già,
E il piccolo bimbo la nanna lì fa.

Naturalmente, i presepi più belli sono quelli dentro le chiese. Prima di Natale, la mia famiglia va da una chiesa all'altra per vedere queste splendide esposizioni natalizie. La stella cometa illumina il cammino, i musicisti suonano le canzoni natalizie, e qualche volta le figurine del presepio si muovono!

Of course, the most beautiful nativity scenes are found at church. Before Christmas Day, my family goes from church to church to see these magnificent displays. The shining star lights the way, musicians play Christmas carols and sometimes the figures in the stable actually move!

My family comes from many regions of Italy, so we prepare a variety of food for the holiday. On Christmas Eve we celebrate the Feast of Seven Fishes. Each year, we go to the local fish market to select the fish for dinner. I always chose the biggest or most colorful fish, and my grandmother chose the tastiest. Our meal includes Christmas pasta, at least seven different fish dishes including eel, ice cream, all kinds of desserts, but never meat on Christmas Eve.

La mia famiglia viene da tante regioni dell'Italia, quindi noi prepariamo diversi piatti per le feste. La vigilia di Natale celebriamo la Festa dei Sette Pesci. Ogni anno, andiamo al mercato del pesce per scegliere il pesce per la cena. Io scelgo sempre il pesce più grande o quello con più colori, e mia nonna sceglie il pesce più saporito. Il nostro pasto include la pasta, almeno sette piatti diversi di pesce incluso il capitone, il gelato, e tanti tipi di dolci, ma mai la carne alla vigilia di Natale.

La vigilia di Natale è la festa più importante, che conclude gli otto giorni di Novena. È un momento che passiamo con la nostra famiglia, e durante il quale prendiamo parte alla messa di mezzanotte.

Christmas Eve is our most important celebration, which ends the eight day Novena. It is a time spent with family and set aside for worship at Midnight Mass.

SONG 9

ASTRO DEL CIEL
(*Silent Night*)
Astro del ciel, Pargol divin,
Mite Agnello Redentor!
Tu che i Vati da
        lungi sognar,
Tu che angeliche
        voci nunziar.
Luce dona alle genti,
Pace infondi nei cuor!

SONG 9
Silent Night
Silent night, holy night,
All is calm, all is bright.
Round yon virgin mother and child,
Holy infant, so tender and mild.
Sleep in heavenly peace,
Sleep in heavenly peace.

One Christmas, my parents took our family to Rome. Christmas in the Vatican is an impressive event, one I will never forget. The highlight is Midnight Mass celebrated by the Pope in St. Peter's Basilica. Tourists and pilgrims travel from many countries to attend this Mass. The church is filled with people who come to see the grand decorations, hear the glorious music and celebrate with the Pope. At the end of Mass, the Pope blesses the crowd and everyone shouts, *"Viva il Papa!"*

SONG 10

O Holy Night

O Holy Night, the stars are brightly shining,
It is the night of our dear Savior's birth.
Long lay the world in sin and error pining,
Till He appeared and the soul felt its worth.
A thrill of hope, the weary world rejoices!
For yonder breaks a new and glorious morn,
Fall on your knees, oh hear the angel voices!
O night divine, O night when Christ was born!
O night divine, O night, O night divine.

Un Natale, i miei genitori hanno portato la mia famiglia a Roma. Natale al Vaticano è un evento impressionante che non dimenticherò mai. La parte più bella è la messa di mezzanotte con il Papa alla Basilica di San Pietro. I turisti e i pellegrini viaggiano da molti paesi per venire a questa messa. La chiesa è piena di gente che va a vedere le grandiose decorazioni, a sentire la musica gloriosa, e a celebrare con il Papa. Alla fine della messa, il Papa benedice la folla e tutti esultano, "Viva il Papa!"

Oh Santa Notte
(O Holy Night)
È mezzanotte, brillano le stelle
Per annunciare che è nato Gesù.
Venne a lavar la colpa originale,
Che l'uomo antico a morir condannò.
Il mondo intero è pieno di speranza,
In questa notte che porta il Salvator.
Tutti adoriam e gli angeli ascoltiamo!
Oh notte divina, è nato il Redentor!
Oh notte divina, è nato il Redentor!

SONG 10

Il giorno di Natale, migliaia di persone si riuniscono in piazza San Pietro per ricevere la benedizione del Papa. Tutti aspettano ansiosamente che arrivi sul balcone sopra la piazza. Quando appare il Papa, alza le braccia e benedice la folla.

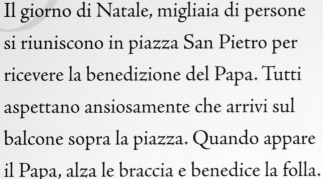

Venite Fedeli
(*O Come All Ye Faithful*)
Venite, fedeli, lieti ed esultanti,
Venite, venite a Bethlehem.
Nato vedrete Cristo Salvatore.
Venite adoriamo, Venite adoriamo,
Venite adoriamo, Cristo Gesù.

On Christmas Day thousands of people gather together in St. Peter's Square to receive the Pope's blessing. Everyone anxiously awaits his arrival on the balcony high above the square. When the Pope appears, he raises his arms to bless the crowd.

SONG 11
O Come All Ye Faithful
O come, all ye faithful, joyful and
  triumphant,
O come ye, O come ye, to Bethlehem.
Come and behold Him, born the
  King of Angels.
O come let us adore Him,
  O come let us adore Him,
O come let us adore Him,
  Christ the Lord.

My parents told me Santa Claus lived at the North Pole and came to Italy with his sleigh full of toys pulled by his reindeer. We decorate a Christmas tree, covering it with lights and shiny ornaments waiting for Santa to arrive.

I miei genitori mi hanno detto che Babbo Natale viveva al Polo Nord e veniva in Italia con la sua slitta piena di regali, spinta dalle renne. Noi decoriamo un albero di Natale, coprendolo con le luci e con ornamenti luccicanti, e aspettiamo che arrivi Babbo Natale.

SONG 12

L'ALBERO DI NATALE (*O Christmas Tree*)

S'accendono e brillano
Gli alberi di Natale.
S'accendono e radunano
Grandi e piccini intorno.

I rami si trasformano
Con bacche rosse e fili d'or.
Risplendono e sfavillano
Gli alberi di Natale.

Il giorno dopo Natale è Santo Stefano, in cui lavoriamo e aiutiamo quelli meno fortunati di noi. Nel sud d'Italia, Santo Stefano è il giorno scelto per macellare il maiale. Si lavora molto per fare il prosciutto, la pancetta, le salsicce, e tante altre cose buone. Alla fine della giornata, noi facciamo festa e mangiamo molto con la nostra famiglia e gli amici.

The day after Christmas is St. Stephen's Day, which is spent working and helping those who are less fortunate. In the south of Italy, St. Stephen's Day is the day chosen to butcher the pig. We work hard to make ham, bacon, sausage and other delicious specialties. At the end of the day, we celebrate by having a feast with our family and friends.

DIN DON DAN

(*Jingle Bells*)

SONG 13

Com'è bello andar
Sulla slitta insieme a te.
Con tanta neve che
Dal cielo scende giù.
Tintinnando va il nostro cavallin
E insieme noi cantiamo.
Buona notte, Buon Natal.

Din don dan, din don dan, che felicità!
Sulla slitta tutti siam e di gioia noi
    cantiamo.
Din don dan, din don dan, che felicità!
Sulla slitta tutti siam e di gioia noi
    cantiam.

SONG 13
Jingle Bells
Dashing through the snow
In a one-horse open sleigh.
Through the fields we go
Laughing all the way.
Bells on bob-tail ring,
Making spirits bright.
What fun it is to ride and sing
A sleighing song tonight.

Jingle bells, jingle bells,
Jingle all the way,
Oh what fun it is to ride
In a one-horse open sleigh, hey!
Jingle bells, jingle bells,
Jingle all the way,
Oh what fun it is to ride
In a one-horse open sleigh.

La vigilia di Capodanno è la notte di San Silvestro, una festa per un Papa che ha vissuto tanto tempo fa. La nostra famiglia si riunisce per una grande cena a base di zampone, salsicce e lenticchie, che portano fortuna. Dopo la cena, tutti vanno in piazza a ballare e festeggiare la fine dell'anno e l'inizio dell'anno nuovo. Mi piace stare sveglia fino a tardi per vedere i falò e i bellissimi fuochi artificiali.

New Year's Eve is the Feast of St. Sylvester, a celebration for a Pope who lived long ago. Our family gathers for a big dinner of stuffed pork leg, Italian sausage and lentils, which bring good fortune. After dinner, everyone goes to the local square to dance and celebrate the end of the year and the beginning of the new year. I like to stay up late to enjoy the bonfires and see the amazing fireworks.

La mattina di Capodanno, sono molto preoccupata. C'è una superstizione che dice che il primo dell'anno la prima persona che ti saluta deve essere un uomo, altrimenti tutto l'anno sarà sfortunato! Non rispondo al telefono per paura che sia una donna. Quando ero piccola, i miei fratelli e il mio papà si svegliavano presto per andare in giro per la città a dire "Buon Anno!" e portare fortuna a tutti quelli che incontravano.

FERMARONO I CIELI
(Traditional Song)

Fermarono i cieli la loro armonia
Cantando Maria la nanna a Gesù
Con voce Divina la Vergine bella
Più vaga che stella cantava così:
Dormi dormi fa la ninna nanna Gesù
Dormi dormi fa la ninna nanna Gesù.

La luce più bella negli occhi brillava
Sul viso sembrava Divino splendor
La madre felice di un bimbo Divino
Gridava il suo amore cantando così:
Dormi dormi fa la ninna nanna Gesù
Dormi dormi fa la ninna nanna Gesù.

On New Year's morning I get very anxious. There is a superstition that says on the first day of the year, the first person you talk to must be a man, otherwise, the whole year will be unlucky! I don't answer the phone for fear that it could be a woman calling. When I was little, my brothers and father would get up early in the morning to go around town saying, "Happy New Year!" and bring good luck to everyone they saw.

25

L'ultimo giorno delle festività natilizie è l'Epifania, il giorno dove i Tre Re Magi sono arrivati a Betlemme portando i regali per Gesù Bambino. La vigilia dell'Epifania, noi mettiamo le nostre calze vicino al camino perché il giorno dopo viene la Befana. Ma chi è la Befana? Ora vi racconto la sua storia come me l'ha raccontata mia nonna...

Mentre i Tre Re Magi cercavano Gesù Bambino, si sono fermati in una piccola casa per chiedere indicazioni. Una vecchia e brutta signora, con un mantello nero e una scopa in mano, ha aperto la porta. Si è trovata davanti tre uomini vestiti con abiti colorati che le hanno raccontato del loro viaggio alla ricerca di Gesù Bambino. I Tre Re Magi hanno invitato la vecchia signora a unirsi a loro per la ricerca. Ma la signora ha detto, "Non posso. Io sono troppo impegnata con la pulizia della casa." Dopo che i Tre Re Magi erano partiti, lei però si è resa conto che si sentiva sola e che aveva fatto un errore a non andare con loro.

Anche lei voleva trovare questo bambino speciale e portargli un regalo. Allora è partita con la sua scopa in mano e un sacco di regali per raggiungere i Tre Re Magi e trovare Gesù Bambino. Ha cercato per ore e per giorni e la leggenda dice che sta ancora cercando.

Allora ogni anno, per la vigilia dell'Epifania, la donna con la scopa, che si chiama Befana, si ferma alla casa di ogni bambino per riempire le calze sperando di trovare Gesù Bambino.

The last day of the Christmas season is the Epiphany, the day that the Three Wise Men arrived in Bethlehem bearing gifts for the Baby Jesus. The day before, we put our socks near the fireplace waiting for Befana to come. Who is Befana? This is the story, just as my grandmother used to tell me…

As the Three Wise Men searched for Baby Jesus, they stopped at a small house to ask for directions. An ugly old woman wearing a black shawl answered the door holding a broom. Standing at her doorstep were three men in colorful outfits telling of their travels to find the Christ Child. The Three Wise Men invited the old woman to join them in their search. But she said, "No, I can't. I am much too busy with my housework." After they left, she realized she was lonely and had made a mistake. She too wanted to find this special child and bring him a gift. So she set off with her broom and a bag of goodies to catch up to the Wise Men and find the Baby Jesus. She searched for hours and days, and the legend says she is still searching.

So each year on the eve of the Epiphany, the old woman with the broom named Befana stops at every child's house to fill their stockings in the hope of finding the Christ Child.

SONG 15

La Befana vien di Notte
(Poem)
La Befana vien di notte
Con le scarpe tutte rotte
Col vestito alla romana:
Viva viva la Befana!

Le tradizioni natalizie sono diverse da una famiglia all'altra e cambiano con il tempo. Oggi, il nostro periodo natalizio è pieno di ornamenti colorati, cibo delizioso, e di un grande albero di Natale. Aspettiamo Babbo Natale e anche la Befana. Sono le tradizioni vecchie che vengono passate da una generazione all'altra a cui sono legata e che condivido con la mia famiglia. Queste tradizioni riempiono il periodo natalizio di amore, gioia e pace.

Christmas traditions are different from one family to the next and they change over time. Today, our Christmas season is filled with colorful decorations, delicious food and a big Christmas tree. We look for Santa Claus as well as la Befana. It is the old traditions which are passed on from generation to generation that I hold in my heart and share with my family. These traditions fill the Christmas season with love, joy and peace.

SONG 16

BIANCO NATALE
(White Christmas)

Quel lieve tuo candor, neve,
Discende lieto nel mio cuor.
Nella notte santa il cuor esulta
D'amor, è Natale ancor.

E viene giù dal ciel lento,
Un dolce canto ammaliator.
Che ti dice "Spera anche tu
È Natale, non soffrire più".

SONG 16

White Christmas

I'm dreaming of a White Christmas,
Just like the ones I used to know,
Where the treetops glisten and
    children listen
To hear sleigh bells in the snow.

I'm dreaming of a White Christmas,
With every Christmas card I write.
May your days be merry and bright
And may all your Christmases be white.

Sharing family recipes is another way to pass down traditions from generation to generation. Celebrate the season with a few of my family favorites.

CHRISTMAS EVE MANICOTTI

This recipe yields a light crespelle (crepe). In Italian families manicotti are reserved for special occasions.

6 eggs
1 teaspoon salt
1 ½ cups cold water
1 ½ cup flour

Mix all ingredients together with a mixer until smooth. Let the mixture rest in the refrigerator for 30 minutes. Ladle out batter into 4 inch circles on a hot, lightly-oiled griddle and cook until golden. Fill each crepe with a generous tablespoon of mushroom, spinach and ricotta filling.

MUSHROOM, SPINACH AND RICOTTA FILLING

3 tablespoons olive oil
Medium onion chopped
8 ounces finely chopped mushrooms
Small package chopped spinach,
    squeezed dry
½ cup Parmesan cheese
2- 15 ounce containers
    of ricotta cheese

Warm the olive oil in a skillet, add onion and cook until translucent. Add chopped mushrooms and cook for 5 minutes. Add the dried spinach and cook the mixture for an additional five minutes. Add salt and pepper to taste and remove from heat. Let cool for about 10 minutes, add cheeses and mix well.

MARINARA SAUCE

3 tablespoons extra virgin olive oil
1 large onion finely chopped
2 garlic cloves chopped
1-32 ounce can plum tomatoes

1-32 ounce can tomato puree
1-teaspoon salt
6 basil leaves chopped

Warm the olive oil in a large skillet over medium heat. Add the onion and garlic. Cook, stirring often, until the onion is translucent, 3 to 5 minutes. Stir in the tomatoes, tomato puree, salt and basil. Cook for 20 minutes, stirring often. Fill each crepe with a generous tablespoon of filling and roll up. They may be frozen at this point for up to a month. If baking immediately, place in large baking dish and spoon marinara sauce over the manicotti. Top with more mozzarella and Parmesan cheese. Bake at 350° for 30-40 minutes, or until nice and bubbly. Serves 8

DOUBLE CHOCOLATE BISCOTTI

Biscotti are hard, dry cookies that are meant to be dipped.
This one begs to be dipped in a caffe latte or hot chocolate.

½ cup butter

¼ cup sugar

2 eggs

1 tablespoon vanilla or almond extract

2 cups plus 2 tablespoons flour

⅓ cup unsweetened cocoa

1 ½ teaspoons baking powder

¼ teaspoon salt

⅔ cup chopped almonds

⅔ cup chopped chocolate

In a mixing bowl, cream butter and sugar. Beat in eggs and extract. In another bowl, combine the flour, cocoa, baking powder and salt. Add to the cream mixture and blend well. Fold in nuts and chocolate. Divide dough in half.

On a greased baking sheet, pat out dough into two logs about ½ inch high, 1 ½ inches wide and 14 inches long. Bake in a 325° oven for 25 minutes. Let cool.

With a serrated knife cut 1-inch slices diagonally at a 45° angle. Place slices flat on cookie sheet and bake another 10 minutes, turning once half-way through.

Let cool and store in a covered container. Makes 2-3 dozen

Recipes courtesy of Carmela Tursi Hobbins of Carmela's Cucina

Vocabulary

English	Italian
Santa Claus	Babbo Natale
Christmas card	cartoncino natalizio
Baby Jesus	Gesù Bambino
New Year's greeting	gli auguri di Capodanno
Christmas tree	l'albero di Natale
bonfires	i falò
fireworks	i fuochi artificiali
shepherds	i pastori
Three Kings or Wise Men	i Re Magi
Christmas carol	canzone natalizia
New Year's Day	il Capodanno
eel	il capitone
Christmas	il Natale
The Pope	il Papa
nativity scene	il presepio
nougat	il torrone
old witch who brings gifts	la Befana
chestnuts	le castagne
Feast of the Seven Fishes	la festa dei Sette Pesci
Epiphany	la festa dell'Epifania
Feast of Santa Lucia, Dec. 13th	la festa di Santa Lucia
Saint Nicholas' Day, Dec. 6th	la festa di San Nicola
Saint Stephen's Day, Dec. 26th	la festa di Santo Stefano
Saint Sylvester's Day, Dec. 31st	la festa di San Silvestro
Christmas Eve	la vigilia di Natale
bagpipes	le zampogne
Saint Peter's Square	Piazza San Pietro
Christmas present	un regalo di Natale
Happy New Year!	Buon Anno!
Merry Christmas!	Buon Natale!